Une Visite Pastor

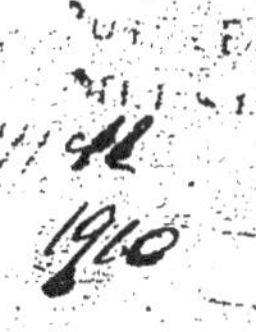

DANS LE DIOCÈSE

DE

TRIPOLI DE SYRIE

En 1909

BAR-LE-DUC

IMPRIMERIE SAINT-PAUL

36, boulevard de la Banque, 36.

Une Visite Pastorale

DANS LE DIOCÈSE

DE

TRIPOLI DE SYRIE

En 1909

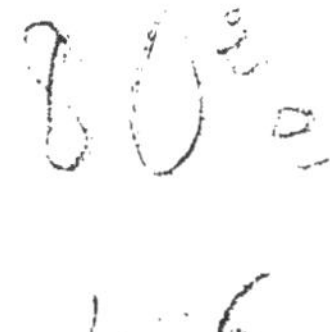

BAR-LE-DUC

IMPRIMERIE SAINT-PAUL

36, boulevard de la Banque, 36.

Une Visite Pastorale

DANS LE DIOCÈSE

DE

TRIPOLI DE SYRIE

L'intérêt que vous portez à mes Œuvres, — ce dont je vous suis très reconnaissant, — me fait un devoir de vous donner quelques détails sur ma visite pastorale, que je viens de terminer heureusement, grâce à Dieu et à vos bonnes prières.

S'il y a eu des fatigues, il y a eu aussi des succès ; s'il y a eu des tristesses, il y a eu des joies et de bien grandes consolations.

Comme tous les ans, je commence ma visite pastorale par Miniara, où saint Joseph a remporté de si beaux succès et où son culte est établi bien solidement. L'église s'élève majestueuse au beau milieu du village, ce qui rend les catholiques très fiers, tandis que les pauvres schismatiques ne savent que penser de cette activité fébrile que l'on déploie autour de ce vaste monument.

, Quand le clocher fut érigé et quand pour la première fois la cloche fit entendre ses notes joyeuses, les paroissiens manifestèrent leur joie par des salves d'artillerie, par une illumination générale de l'église ; la façade, d'un goût parfait, est l'objet de la plus vive admiration. Mais cette église sera plus belle encore quand on aura fini le crépissage, le pavage et l'ornementation.

Dans ce nouveau sanctuaire, les fidèles viennent très nombreux remercier saint Joseph et prier avec moi pour vous et pour tous les vôtres.

A mon arrivée à Miniara, outre la visite des notables du pays, je reçus celle de l'évêque schismatique pour la première fois.

Fanatique comme tous ses collègues, cet évêque avait les catholiques en horreur ; sa haine se manifestait par des actes vraiment odieux ; ses sujets mêmes, écœurés par sa conduite, se firent catholiques, usant largement de la faculté que leur a octroyée la Constitution turque ; ils peuvent facilement changer de religion sans être molestés.

Le pauvre évêque, voyant son sceptre tyrannique lui échapper des mains, éprouva le besoin de faire alliance avec les catholiques, alliance qu'il cimenta par cette première visite qu'il me fit.

Je le reçus avec beaucoup d'égards, nous nous embrassâmes cordialement, et notre entretien fut des plus charmants ; puis on lui offrit des rafraîchissements qu'il accepta avec plaisir. Il retourna chez lui enchanté et visiblement impressionné.

Le lendemain, après ma messe, j'allai lui rendre visite à sa résidence de Cheick-Tahbah, qui se trouve à deux heures de Miniara ; pour cela j'ai dû prendre un cheval. Arrivé chez lui, je fus reçu avec tous les honneurs, toute l'amabilité possible. Je restai une bonne heure chez lui, on parla de la Constitution, de l'état actuel du pays ; puis de la France. Tous les villageois me dévoraient des yeux en entendant les .nouvelles du pays de France.

L'évêque schismatique me parut tout bouleversé dans ses idées, dans ses sentiments ; on sentait que cet homme, de guerre lasse, avait un grand besoin de vivre en paix, car il s'est trouvé en face d'un adversaire plus fort que lui. Je me félicite de cet heureux événement et je rends grâce à Dieu, car en nouant des relations avec lui, on pourra peut-être, sinon le gagner, du moins l'amener à respecter et à aimer les catholiques.

Le retour fut marqué par un malheureux accident. Il y avait aux environs une noce schismatique ; en pareille circonstance, on manifeste sa joie par des coups de fusil, selon l'usage du pays. Par un fatal hasard, une balle vint frapper mortellement un jeune schismatique. Transporté aussitôt à sa maison, le blessé expira peu après au milieu de la consternation générale.

Dès que j'eus connaissance du fait, j'allai en personne faire mes condoléances à la famille éplorée, ce qui fit un grand bien parmi les schismatiques, qui me remercièrent.

Après avoir passé plusieurs jours à Miniara, après avoir réglé toutes les affaires, réconcilié les âmes avec le bon Dieu, jugé et traité des questions de mariages, de droit, de vols, etc., je suis reparti à Cheick-Mohamed, avec une petite escorte.

A moitié route, je trouvai le curé qui m'attendait, entouré de ses paroissiens, parmi lesquels il y avait beaucoup de schismatiques.

En arrivant dans cette localité, j'eus la joie de voir l'église Notre-Dame du Sacré-Cœur, un peu moins grande que celle de Miniara, entièrement crépie, quoique le pavage n'y soit pas encore fait; pendant mon séjour à Cheick-Mohamed, j'ai habité les trois chambres du presbytère, nouvellement construites.

Le jour même de mon arrivée, j'ai eu sur les bras une curieuse affaire, qui, sans l'intervention de la sainte Vierge, aurait tourné au tragique.

Des Bédouins nomades avaient saccagé la propriété et coupé tous les arbres du curé schismatique. Celui-ci, ne pouvant rien contre ces brigands, imputa la chose aux catholiques; il imagina de donner de l'argent à des musulmans afin qu'ils incriminassent les catholiques d'avoir coupé les arbres, de faire, en un mot, un faux témoignage contre eux.

On me raconta l'histoire et j'étais disposé à agir, quand Notre-Dame du Sacré-Cœur arrangea elle-même l'affaire. Le Gouvernement instruisit le procès et appela à la « barre » les fameux témoins musulmans auxquels on fit prêter serment sur le Coran.

Les lois turques, en matière de procédure, font jurer les chrétiens sur l'Evangile, les juifs sur la Bible, et les musulmans sur le Coran, afin de leur faire avouer la vérité.

Dans le cas présent, les musulmans durent confesser la vérité, déclarèrent n'avoir pas vu les catholiques couper les arbres et que le curé schismatique leur avait donné de l'argent pour faire un faux témoignage. Grande fut la stupéfaction du curé schismatique qui, en guise de récompense, reçut un blâme très sévère du Gouvernement et des schismatiques honnêtes ; il fut obligé de payer les frais du procès, et s'attira, en plus, le mépris de tout le monde.

Après avoir remercié Notre-Dame du Sacré-Cœur d'avoir donné une solution à cette singulière histoire, je parcourus le village, visitant tout le monde, même les schismatiques ; partout j'ai trouvé beaucoup de foi, mais aussi j'ai vu une misère affreuse et générale. Dans tout le district d'Ackar, il n'y a pas eu de récoltes cette année-ci, à cause de la sécheresse et de l'invasion des sauterelles, vrai fléau destructeur.

Mais le village le plus éprouvé est celui d'Edbel ; je m'y suis rendu, accompagné d'un curé, en 1 heure 1/2 à pied, dans des sentiers très mauvais et très dangereux. Depuis ma dernière chute de cheval, qui faillit m'être mortelle, je préfère, autant que je le puis, prendre la « voiture du Père Capucin » et me ménager, car j'aurai d'autres courses à cheval à faire, plus longues et plus fatigantes.

Dans ce village d'Edbel, je visitai les maisons, ou plutôt ces cases faites de terre, enfumées, où bêtes et gens font un seul et même ménage. Ici, la misère s'étale dans toute son horreur : les habitants ne sont que des squelettes ambulants. J'ai dû secourir trois familles qui allaient mourir de faim si je n'eusse pas passé par là ; j'ai décidé de leur donner chaque mois une aumône et, pour aujourd'hui, je leur ai donné l'argent nécessaire pour acheter du pain.

Mon cœur était tellement angoissé que je n'ai pu rester plus longtemps. Après avoir passé une nuit blanche, car je ne pus dormir à cause des moustiques et autres insectes, je dis le lendemain ma messe, puis j'adressai à ces pauvres villageois quelques paroles de consolation, d'encouragement, et mes phrases étaient coupées à chaque instant par des actions de grâces : « Amin, Amin, inchäl-lah ! » — Amen, Amen, s'il plaît à Dieu !

Le lundi 13 septembre, je rentrai à Tripoli pour m'y reposer et expédier mon courrier ; deux jours après, je partais pour la deuxième partie de ma visite, plus longue et plus difficile.

J'ai emmené avec moi un pauvre petit orphelin de 9 ans,

dont le père est mort en Amérique, et la mère presque folle. Ce cher enfant, doux et intelligent, mourait littéralement de faim ; il était complètement abandonné, des haillons couvraient à peine ce pauvre petit corps rongé de vermine. Arrivé chez moi, je lui fis prendre un bon bain, lui donnai de nouveaux vêtements, et avec une bonne et solide nourriture cet enfant ne tarda pas à reprendre toute sa fraîcheur.

Ce pauvre petit bonhomme, qui ne cesse de remercier son père d'adoption, apprend à lire et à écrire en arabe, à me servir la messe, et mon secrétaire lui donne des leçons de français.

Comme le Bon Dieu est vraiment bon de m'avoir mis sur le chemin de ce pauvre enfant, qui se serait perdu corps et âme ! Il a une sœur de 4 à 5 ans que je vais placer l'année prochaine chez les Bonnes Sœurs, car elle est trop jeune encore ; j'ai chargé mon curé de s'en occuper en attendant.

Combien d'enfants sont comme eux dans cet état de misère et d'abandon absolu ! Si j'avais eu des ressources, je me proposais de fonder un orphelinat ; j'espère que le Bon Dieu me donnera les moyens de réaliser ce désir cher à mon cœur.

Deuxième partie de la Visite Pastorale.

S'il me fallait aller à cheval à Bourge-Safita, centre du diocèse, il faudrait 14 et même 15 heures de trajet, à travers un pays très accidenté, sous un soleil tropical ; j'ai pris le parti plus prudent d'aller par la voiture qui va de Tripoli à Homs, et de m'arrêter à moitié chemin, à un endroit désigné à l'avance, où un curé et un moukre m'attendaient avec les chevaux.

Je n'ai donc fait que 7 heures de cheval, au lieu de 14, ce qui est une grande économie. A Safita, je fus reçu avec enthousiasme par les catholiques, et aussi par les schismatiques.

Remis de mes fatigues, le lendemain, après ma messe, je me suis occupé des affaires de la paroisse ; j'ai fait crépir une citerne, construite il y a deux ans pour recueillir l'eau des pluies, qui doit servir à la construction de l'église Saint-Nicolas. Les conversions se multiplient, et la modeste chambre qui sert d'église ne peut plus contenir ce flot des néo-convertis. Je me vois donc forcé de construire un sanctuaire dédié à saint Nicolas ; c'est à lui qu'incombe le soin de m'envoyer les ressources nécessaires pour son église. En attendant, je vais m'occuper de faire l'enclos du terrain de la future église, puis de faire des réparations préliminaires ; j'ai fait soutenir avec de grosses poutres les toits des trois chambres du presbytère, qui menaçaient de crouler.

Mais ce qui m'a fait le plus de plaisir, c'est la visite que j'ai faite à mon école, dirigée avec talent par un de mes prêtres, ancien élève de la Propagande.

Cette école contient plus de cent enfants, catholiques et schismatiques, voire même protestants, qui apprennent le catéchisme, à lire et à écrire leur langue maternelle, puis le français, que l'on parle déjà assez correctement ; chaque année le nombre des enfants augmente sensiblement.

Après leur avoir fait passer l'examen, après avoir félicité le professeur, j'ai distribué moi-même les récompenses, comme des croix, des médailles, des images, etc., ce qui fit plaisir aux enfants et aussi aux parents.

Ensuite j'ai eu à cœur de réconcilier les schismatiques, qui s'étaient querellés entre eux à propos d'une candidature au Gouvernement fort contestée ; en même temps j'ai instruit un procès au sujet d'un four à pain qu'on appelle le « tannour. »

Chacun se le disputait, il y eut des querelles, des luttes sérieuses ; un des curés catholiques venant à passer au plus fort de la discussion, voulut s'interposer pour mettre la paix ; mais des schismatiques, furieux, s'élancèrent sur lui, et le frappèrent rudement ; on porta l'affaire devant le Gouvernement ; jusqu'à maintenant on ne sait rien de précis ; mais j'espère que le tribunal rendra un jugement juste et sévère. J'ai toutefois apaisé les partis en colère, et je crois que l'on terminera cela avec entente et avec amour de la paix, comme je le leur ai fait comprendre ; et tous m'ont promis de se réconcilier.

Après avoir réglé toutes les affaires, après avoir fait le missionnaire, le juge, l'avocat, et même le gendarme, je me suis mis en route pour aller dans un autre village, où il n'y a que des joies et des consolations, c'est :

Tannourine.

Ce gros village, où j'ai mis trois prêtres actifs, est entièrement emporté ; il n'y a presque plus de schismatiques. Ici, je suis tout à fait obligé de construire encore une église pour répondre aux exigences des événements.

Je me suis mis en quête d'un terrain pour cette destination, puis je me suis préoccupé de faire l'enclos du cimetière.

A mon arrivée j'ai été très agréablement surpris d'entendre le plus jeune des enfants me lire en bon français un gentil petit discours, que je transcris ici textuellement :

« *Vive Monseigneur Joseph Doumani !*

« Toutes les âmes que la Providence a confiées à vos soins paternels tressaillent aujourd'hui de joie et d'allégresse. Tout le monde a salué avec enthousiasme cet heureux jour, cet heureux moment de votre visite.

« Tous vos diocésains sont unanimes à regarder cé jour comme celui d'une seconde pâque.

« Notre joie est grande, sans doute ; elle est si grande ! elle est au-dessus de tout ce que la voix humaine peut exprimer. Votre Visite actuelle a dissipé notre grande affliction occasionnée par votre longue absence. Certes, cher Pasteur, plus votre absence nous avait tourmentés, plus votre retour nous réjouit. Semblables aux petits oiseaux, qui, voyant voltiger leur mère, accourent à elle avec joie et bonheur, nous accourons à vos pieds vous témoigner notre soumission et notre gratitude.

« Veuillez, Monseigneur, bénir ces humbles sentiments que nous déposons à vos pieds comme l'expression de notre grand attachement et de notre amour pour Vous et pour la France que nous aimons ici beaucoup.

Vive, Vive, Vive
le Révérendissime Seigneur Joseph Doumani!
Vive la France ! »

J'ai félicité mon jeune orateur, ainsi que les autres enfants. Comme partout ailleurs, j'ai dû pourvoir à de nombreuses nécessités ; entre autres, j'ai dû acheter un mulet pour un pauvre bonhomme, nommé Moussa Abdouch, père d'une nombreuse famille ; il louera son mulet pour faire le moukre, c'est-à-dire qu'il portera des marchandises, et le gain qu'il en retirera le fera vivre, lui et les siens. Pour commencer, je l'ai pris avec moi pour me guider dans la montagne jusqu'à la fin de ma visite pastorale ; au retour, je lui ai donné un bon salaire ; aussi est-ce avec effusion qu'il m'a remercié et embrassé les mains en pleurant. De plus, j'ai donné l'ordre qu'on m'amène à Tripoli le plus jeune de ses enfants, âgé de 9 ans ; il restera chez moi, avec le petit orphelin que j'ai déjà.

Ici, comme ailleurs, j'ai eu à souffrir de la mauvaise nourriture, de la chaleur pendant le jour ; du froid et des aboiements de chiens pendant la nuit, sans oublier les moustiques et autres insectes. J'ai été piqué à la main droite par un de ces affreux insectes, je ne sais si c'est un scorpion ou une autre bête malfaisante ; ce que je sais, c'est que cette piqûre m'a fait bien souffrir.

Après deux jours de travail, je suis parti pour Jaeoir-El-Afo, où la misère est aussi très grande ; puis à Marmarita, où le pauvre curé a été battu par son frère à cause d'un héritage ; j'ai réconcilié les deux frères et, après avoir pris un repos de quelques heures, je me suis mis en route pour Rabah, l'avant-dernière étape de ma visite, en passant la nuit au village de Caïmé.

De Marmarita à Caïmé les chemins sont horribles ; tout le pays est infesté de brigands de la pire espèce.

Très souvent j'ai dû descendre de monture pour ne pas m'exposer à faire des chutes ; il a fallu 4 à 5 heures de voyage au milieu des rochers.

A Caïmé, j'ai trouvé le pauvre curé qui souffrait d'un asthme ; je lui ai conseillé de ne pas trop se fatiguer. Le lendemain de bon matin, après ma messe, je suis remonté à cheval pour aller à Rabah. Cette partie de la visite est la plus pénible, car ce village est perché, comme un nid d'aigle, sur l'un des plus hauts sommets ; pour comble de malheur, nous nous sommes égarés au beau milieu de la montagne, et nous n'étions pas du tout rassurés, car les brigands pullulent, pillent et tuent tout ce qui se trouve sur leur chemin. Après plusieurs heures de recherches, nous nous sommes engagés dans un chemin, le plus abominable qui puisse exister dans le monde.

Ce n'est que le soir que nous sommes arrivés à Rabah, où nous sommes descendus chez le curé, qui était dans tous ses états en recevant son évêque.

Là, c'est l'air pur de la montagne : un vent presque continuel rend la saison d'été délicieuse ; tandis qu'en hiver, pendant de longs mois, la neige couvre tout le village de son manteau blanc.

J'ai visité l'église, qui est assez grande ; je l'ai vue entièrement crépie et pavée, cela m'a fait bien plaisir ; puis j'ai été très heureux de constater les progrès du catholicisme, grâce au zèle et à l'activité du jeune curé.

Pendant mon court passage à Rabah, j'ai été témoin d'une attaque de brigands. Ces derniers assaillirent un convoi de moutons, de chèvres, de bœufs, etc., et frappèrent mortellement le pauvre pâtre.

Deux moissonneurs, ayant entendu les cris de la victime, coururent au village jeter l'alarme. Tous les gens furent sur pied, et en un clin d'œil sur le lieu de la lutte ; le combat s'engagea, terrible, sanglant ; l'un des bandits lança un formidable coup de poignard au plus vaillant des chrétiens et lui coupa le bras droit ; l'héroïque villageois, tel un tigre, se rue sur son adversaire et, de son bras gauche, lui arrache son poignard et le frappe vigoureusement. Les villageois restent enfin maîtres du terrain ; les brigands s'enfuient avec le troupeau : il y eut des blessés, et on eut à déplorer la mort du pauvre berger. Le lendemain, l'un des bandits revint sans pudeur au village s'informer si le pâtre était bien mort. Il n'eut que le temps de déguerpir, car, étant reconnu, il aurait passé un mauvais quart d'heure.

L'affaire fut portée au Gouvernement qui ne fit rien pour assurer la sécurité des pauvres chrétiens ; lui-même tremble devant ces bandits qui se proclament bien haut les descendants directs du grand prophète Mahomet. Et puis, pour réprimer ces actes de brigandage, il faudrait une bonne et solide police, et la Turquie est trop occupée par ailleurs pour réorganiser ses légendaires policiers, qu'on achète à coups de bacchiches (pourboires).

Au moment de partir, je reçois la nouvelle que le frère du pauvre curé est mort en Amérique. Le Père Ibrahim, c'est le nom du curé, en fut très affligé, et je le consolai de mon mieux ; il m'a beaucoup remercié et m'a demandé une bénédiction particulière pour lui, ce que je lui ai accordé de tout cœur.

Je terminai bien vite mes affaires ici, et me remis en route pour être à Homs, ou Emèse, avant le coucher du soleil.

Ce voyage s'est effectué, sous un soleil tropical, dans l'immense plaine ; dans le lointain on aperçoit la fameuse Emèse, dernière étape de ma visite.

Il est à remarquer que de Rabah à Tripoli il faut vingt-six heures de cheval, et pour éviter cette grosse fatigue, j'ai préféré mettre six heures de cheval pour arriver à Homs, et, de là, prendre la voiture qui fait le service quotidien entre cette ville et Tripoli.

A Homs, je suis allé à l'archevêché, où le Vicaire Général, en l'absence de Monseigneur, m'a reçu avec tous les honneurs ; il ne savait me dire combien il était heureux de me voir ici ; et comme je lui parlais de prendre la voiture le lendemain, il s'y est formellement opposé, trouvant que j'étais trop fatigué pour repartir si vite. Il avait raison et je restai deux jours de plus.

Cela m'a permis de visiter la partie de la ville déttruite par une terrible inondation ; plus de 440 maisons sont abattues, 160 personnes et plus sont noyées, et les dégâts sont évalués à cinq cent mille francs. Le cœur saigne à la vue de tant de familles ruinées, exposées à mourir de froid et de faim.

Aussi, malgré mes grandes charges et les grosses dépenses que m'a coûtées ma visite pastorale, j'ai laissé avant de partir, entre les mains du Vicaire Général, la somme de cent francs pour aider à soulager quelques misères.

Et maintenant je termine ma petite relation par une anecdote authentique que voici : le fait s'est passé à Homs il y a quelques années seulement.

Histoire d'une cloche.

Il est à savoir que les musulmans ont en horreur le son
de la cloche. Leur religion leur interdit tout autre son que
le son humain. C'est pourquoi, les muezzins, ou gardiens
des mosquées, grimpent au haut des minarets trois fois par
jour, et appellent le peuple à la prière, en chantant ces
paroles :

> Allah Acbar ; echhed enla ila ella Allah !
> Echhed en Mahammed Raçoul Allah,
> Haï ala Elsalat. Haë ala Elfalat. Allah
> Acbar. La ila ella Allah.

« Dieu est grand, j'atteste qu'il n'y a qu'un Dieu, que
« Mahomet est son prophète. Venez à la prière, Dieu est
« grand. »

A cause de cette répugnance des musulmans, il n'y avait
donc pas de cloches à Homs, et les pauvres chrétiens s'en
tiraient comme ils pouvaient. Il y a quelques années, des
missionnaires jésuites français vinrent dans cette ville, y
fondèrent un collège, et avec ce collège élevèrent une cha-
pelle avec clocher et cloche.

Un beau matin, à la grande stupéfaction des bons maho-
métans, la cloche des RR. PP. Jésuites chantait joyeuse-
ment pour la première fois. Les musulmans se rassemblent,
tiennent conseil et trouvent que cette cloche est un vrai
sacrilège. La foule (musulmane), « à longs flots », court et
s'amasse devant la maison de ces « diables d'Européens »,
et somme ceux-ci de faire taire et de descendre la cloche,
qui trouble tant la quiétude musulmane.

Le vaillant Père Supérieur des Pères Jésuites se présenta
à cette foule menaçante ; sur le seuil de sa porte il déclara
à haute voix que la cloche restera en place, et que si l'on
veut la faire descendre, on peut entrer !.....

Unissant le geste à la parole, le bon Père se met sur le
côté de la porte, et, le bras étendu, avec un air menaçant ;
« Allons, entrez donc, je vous attends. — Essayez ! »

Seulement, personne n'osa entrer, car on savait la maison
française, et là-dedans, il n'y fait pas bon, disait-on.

Le mieux était de prendre le large et d'aviser autrement.

Les musulmans s'adressèrent au Gouverneur, qui en fut tout ému. Cette Excellence se transporta elle-même chez les Jésuites pour réitérer la sommation ; il essuya un nouveau et énergique refus. Toutes les autorités furent bouleversées, mais quand on vit cette histoire de la cloche tourner au tragique, on dut se résigner. Et la cloche française sonne tous les jours victorieusement.

Un malheur ne vient pas seul ; ne voilà-t-il pas que les Grecs-schismatiques, encouragés par le coup d'audace des Jésuites, eurent aussi une grosse cloche qu'ils firent résonner avec joie.

Nouvelle émotion et nouvelle explosion de colère des musulmans, qui allèrent protester bruyamment autour de l'église Grecque-schismatique.

L'évêque se présenta et leur dit carément :

« Messieurs, lorsque les Jésuites, qui sont Français, feront descendre leur cloche, je ferai descendre la mienne ; et si cela ne vous plaît pas, allez au Gouvernement ! »

Vaincus de ce côté, les musulmans menacèrent le Gouverneur et exigèrent de lui l'enlèvement de la cloche. On télégraphie au grand Gouverneur qui donne l'ordre d'abattre la cloche par la force armée, ce qui fut fait aux applaudissements des « joyeux musulmans ». Cette joie fut de courte durée, car l'évêque schismatique était parti lui-même à Beyrouth pour plaider sa cause auprès des Consuls, notamment près du Consul de Russie, qui protège les Grecs-schismatiques.

Les Consuls prirent en sérieuse considération cette curieuse affaire et obligèrent le gouvernement turc à replacer la cloche, qui, depuis, rivalise d'entrain avec celle des Jésuites.

Voyant le Gouvernement se montrer faible, les musulmans alors jouèrent de ruse.

Ils ont une grande mosquée qui renferme les restes d'un prétendu prophète qu'on appelle : « Kaled-Ebn-Walid » ; le temple porte son nom.

Du fond de son tombeau, Kaled-Ebn-Walid faisait, paraît-il, entendre de lugubres plaintes, surtout à l'heure de la prière des musulmans. Ceci les effraya tout d'abord, mais ils surent après que leur prophète se plaignait nuit et jour

du son des cloches. C'est ainsi qu'ils entendirent distincte-
ment : « Ah ! Ah ! Ah ! je n'en puis plus ! Ah ! Ah ! je suis
« torturé ! Ah ! Ah ! par les..... cloches ! Ah ! Ah ! des chré-
« tiens ! ! ! — Si les cloches parlent encore ! Ah ! — je vais
« partir ! Ah ! Ah ! etc. »

Ce fut une grosse sensation dans le monde musulman. Le
Gouverneur, informé de cette nouvelle histoire, en parut
ému ; mais, suspectant la vérité, il se rendit au lieu du mi-
racle, à l'heure des révélations.

Il entendit bien les lamentations, et resta quelques ins-
tants tout pensif devant le tombeau ; soudain, au grand
étonnement de tous, ce personnage officiel saisit une bonne
cravache, souleva la draperie, et en frappa rudement le
tombeau et les autres tapisseries. Des cris de douleur reten-
tirent aussitôt, et on vit un pauvre bonhomme se soulever
brusquement de dessous les tapis et implorer grâce.

Furieux, le Gouverneur donne l'ordre d'attraper tous les
auteurs de cette ridicule comédie et de les jeter en prison.

A leurs aveux, on apprit ainsi que le fameux prophète
n'était autre qu'un pauvre diable d'aveugle, qu'on avait
payé pour proférer les plaintes aux heures indiquées.

Cette histoire de la cloche se termina par un immense
éclat de rire des chrétiens. C'est ainsi que les cloches se
multiplièrent, non pas seulement à Homs, mais encore dans
toute la Turquie. Les cloches ne sont donc que très récentes.
Quant aux musulmans, leur haine est toujours aussi vivace ;
mais que peuvent-ils faire ?

*
* *

Après trois jours d'un repos bienfaiteur, j'ai remercié tous
les bons Pères de l'évêché, qui m'ont reçu avec tant d'em-
pressement, et j'ai pris la voiture qui m'a ramené à Tripoli,
sain et sauf.

Je suis fatigué il est vrai, mais je suis très consolé par tout le
bien qui se fait ; je bénis le bon Dieu d'avoir pu remédier un
peu à bien des misères, quoiqu'il y ait beaucoup à faire
encore.

Voici, maintenant, ce que le bon Dieu m'a aidé à faire,
en cette année, dans mon diocèse, grâce à mes chers Bienfaiteurs et Bienfaitrices.

A Miniara.

Un escalier en pierre pour monter à la terrasse de l'église Saint-Joseph.

Une cloche d'à peu près 300 kgs.

Un solide et joli clocher en granit.

Pavage de la terrasse de l'église pour empêcher les gouttières de pénétrer à l'intérieur.

A Chek Mouhammed.

Crépissage de l'église de Notre-Dame du Sacré-Cœur.

Construction d'un presbytère de quatre chambres, dont deux grandes et deux petites, à la place d'une seule chambre qui menaçait de tomber.

A Beurge-Safita.

Crépissage d'une grande citerne construite l'année dernière pour recueillir les eaux de pluie pour la construction d'une église, la maison où nous officions ne pouvant plus contenir la nation qui se multiplie.

A Tannourinn.

Achat d'un terrain pour construire une église, pour les même raisons qu'à Beurge.

Achat d'un mulet pour faire vivre une nombreuse famille.

Secours à plusieurs familles réduites à la misère, ainsi qu'à beaucoup de pauvres malheureux dans ce diocèse.

Frais de voyages. de chevaux, de voiture, etc., etc., pendant un mois pour la visite pastorale de ce diocèse.

Tout ce que Dieu m'a aidé à faire cette année, grâce à mes chers Bienfaiteurs et Bienfaitrices, dans mon diocèse, m'a coûté dix mille francs.

Parmi ce que j'ai à faire l'année prochaine, si le bon Dieu le veut, ce qui est le plus urgent : c'est construire une grande église de 30 mètres de long et 18 de large à Beurge-Safita, et une autre église à Tannourinn moins grande de trois mètres de long et deux de large.

† Joseph Doumani
Evêque de Tripoli de Syrie, etc.

Bar-le-Duc. — Impr. Saint-Paul. — 3276.12,00.

www.ingramcontent.com/pod-product-compliance
Lightning Source LLC
Chambersburg PA
CBHW071305130726
47998CB00003B/1337